AF370098

ORDONNANCE
DU ROI,

Concernant les régimens de Recrue.

Du 25 Novembre 1766.

DE PAR LE ROI.

S A MAJESTÉ jugeant convenable au bien de son service, de supprimer plusieurs des régimens de Recrue qu'Elle avoit créés par son ordonnance du 1.er février 1763, d'expliquer ses intentions sur ceux qu'Elle a jugé à propos de conserver, & de réunir dans une seule Ordonnance, différentes dispositions prescrites sur la forme des engagemens; Elle a ordonné & ordonne ce qui suit:

ARTICLE PREMIER.

A commencer du 31 du mois de Décembre prochain, les régimens de recrue d'Abbeville, de Châlons, de Rouen, de Caen, d'Alençon, de Moulins, de Riom, de Lille, de Montauban, d'Auch, de Bordeaux, de Poitiers, de la Rochelle, de Tours, de Grenoble, de Soissons, de Limoges, de Rennes, de Metz, de Bourges, de Valenciennes, de Strasbourg, de Perpignan, de Dijon,

Réforme de vingt-six régimens de Recrue.

A

Sept conservés.

de Toulouse & de Besançon, seront supprimés; & les régimens de recrue de Lyon, de Sens, de Blois, d'Aix, de Nanci, de la ville de Paris, & celui des Colonies, seront conservés sur pied.

2.

Composition des régimens conservés.

CHACUN des cinq régimens de Lyon, de Sens, de Blois, d'Aix & de Nanci, formera un bataillon qui sera composé de huit compagnies.

3.

LE régiment de Paris, formera deux bataillons de huit compagnies chacun.

4.

LE régiment des recrues des Colonies, que Sa Majesté a fait établir par son ordonnance du 30 avril 1765, formera un bataillon de six compagnies.

5.

Composition des compagnies.

CHAQUE compagnie continuera d'être commandée par un Capitaine & un Lieutenant; & composée de deux Sergens, quatre Caporaux, quatre Appointés & un Tambour, & d'un nombre égal d'hommes, proportionnément à celui dont Sa Majesté aura ordonné chaque année la levée.

6.

Division des compagnies par escouades & chambrées.

CHACUNE desdites compagnies sera divisée en quatre escouades, composée chacune d'un Caporal, d'un Appointé, & de plus ou moins de Soldats de recrue, suivant la force des compagnies; chaque escouade ne formera qu'une seule chambrée, lorsqu'elle n'excèdera pas le nombre de douze hommes; elle formera deux chambrées depuis treize hommes jusqu'à vingt-quatre, & ainsi en proportion : on placera à la tête de chaque chambrée un Caporal ou un Appointé, & même un Sergent, autant qu'il sera possible; & lorsque par les incorporations des recrues, il ne restera que les Sergens, les Caporaux & les Appointés, ceux de chaque compagnie se réuniront pour ne faire qu'une seule chambrée.

La première & la troisième escouade formeront la première division, à laquelle sera attaché le premier Sergent; la seconde & la quatrième escouade formeront la seconde division, à laquelle sera attaché le second Sergent; le Lieutenant en rendra compte tous les jours au Capitaine, lequel le rendra au Commandant.

7.

L'ÉTAT-MAJOR de chacun des régimens de Lyon, de Sens, de Blois, d'Aix & de Nanci, sera composé d'un Commandant, d'un Aide-major, d'un Sous-aide-major & d'un Chirurgien.

Composition de l'État-major.

8.

L'ÉTAT-MAJOR du régiment de la ville de Paris, sera composé d'un Colonel, d'un Lieutenant-colonel, d'un Major, deux Aides-major, deux Sous-aides-major, & d'un Chirurgien.

9.

L'ÉTAT-MAJOR du régiment de recrue des Colonies, sera composé d'un Commandant, d'un Major, d'un Aide-major, d'un Sous-aide-major, & d'un Chirurgien.

10.

CHACUNE desdites compagnies, sera payée par jour, à raison de trois livres au Capitaine, vingt-cinq sous au Lieutenant, onze sous quatre deniers à chaque Sergent, sept sous huit deniers à chaque Caporal, six sous huit deniers à chaque Appointé, sept sous huit deniers au Tambour, & cinq sous huit deniers à chaque homme de recrue.

Appointemens & solde des compagnies.

11.

L'INTENTION de Sa Majesté est que la retenue des quatre deniers pour livre, du montant de la solde desdites compagnies, soit à la charge des Capitaines, lorsque les

Retenue de quatre deniers pour livre.

compagnies se trouveront passer aux revues des Commissaires des guerres, au nombre de quarante hommes & au-dessous, y compris les Hautes-payes; & que lorsqu'elles se trouveront excéder ledit nombre de quarante hommes, la retenue des quatre deniers pour livre du montant de la solde des hommes excédans ledit nombre, soit à la charge de Sa Majesté, & que la dépense en soit allouée dans les comptes de l'Extraordinaire des guerres.

I 2.

Appointemens des États-majors.

L'ÉTAT-MAJOR de chacun des régimens de Lyon, de Sens, de Blois, d'Aix & de Nanci, sera payé par jour, à raison de cinq livres au Commandant, trois livres à l'Aide-major, vingt-cinq sous au Sous-aide-major, & seize sous huit deniers au Chirurgien.

I 3.

L'ÉTAT-MAJOR du régiment de la ville de Paris, sera payé par jour, à raison de dix livres au Colonel, six livres treize sous quatre deniers au Lieutenant-colonel, cinq livres au Major, trois livres à chaque Aide-major, vingt-cinq sous à chaque Sous-aide-major, & seize sous huit deniers au Chirurgien.

I 4.

L'ÉTAT-MAJOR du régiment des recrues des Colonies, sera payé par jour, à raison de cinq livres au Commandant, cinq livres au Major, trois livres à l'Aide-major, vingt-cinq sous au Sous-aide-major, & seize sous huit deniers au Chirurgien.

I 5.

Officiers conservés n'auront point de pension de réforme.

ENTEND Sa Majesté que les Officiers employés dans lesdits régimens conservés, & qui avoient obtenu des pensions de réforme, continuent d'en être privés pendant tout le temps qu'ils recevront des appointemens auxdits régimens.

5

16.

AU moyen de la solde ci-dessus réglée aux Tambours, ils seront tenus d'entretenir leur caisse de peaux & de cordages, & de se fournir de baguettes.

Tambours.

17.

LES appointemens & solde réglés par les articles 10, 12, 13 & 14, seront payés aux Officiers, Sergens, Caporaux, Appointés & Tambours, à commencer du 1.er du mois de Janvier prochain.

Époque du payement des appointemens & de la solde.

A l'égard des hommes de recrue, ils seront payés de leur solde, à commencer du jour de leur engagement, sur les revues des Commissaires des guerres, qui y rappelleront chacun desdits hommes de recrue, pour le temps qui lui sera dû de sa solde.

18.

IL sera retenu sur la solde de chaque Sergent, seize deniers par jour, & huit deniers sur celle de chaque Caporal, Appointé, Soldat & Tambour, pour être employés à les fournir de linge & chaussure.

Linge & chaussure.

19.

LA Masse de l'habillement desdits régimens de recrue conservés, aura lieu, à raison, par jour, de deux sous pour chaque Sergent & Tambour, & d'un sou pour chaque Caporal, Appointé & Soldat ; & payée sur le pied de deux Sergens, quatre Caporaux, quatre Appointés, cinquante-deux Soldats & d'un Tambour ; l'intention de Sa Majesté étant cependant que cette Masse soit augmentée à proportion du nombre des hommes qui se trouveront au-delà des cinquante-deux hommes fixés par le présent article.

Masse de l'habillement.

20.

AU moyen de la masse de l'habillement, dont Sa Majesté se réserve l'administration, Elle donnera ses ordres pour faire habiller & équiper lesdits régimens, Elle fera pourvoir aux réparations de l'habillement & de l'équipement, sur les mémoires qui seront envoyés de leur situation,

Administration de ladite Masse.

B

par le Commandant du régiment, au Secrétaire d'État ayant le département de la guerre.

21.

Armes. LES armes dont lesdits régimens conservés, auront besoin, leur seront fournies des arsenaux de Sa Majesté, & les réparations en seront ordonnées comme celles de l'habillement.

22.

Uniforme. LESDITS régimens continueront de porter l'habit uniforme qui leur a été réglé, sans qu'ils puissent y augmenter ni diminuer rien, sous aucun prétexte.

23.

Forme des engagemens. A commencer du 1.ᵉʳ du mois de Janvier prochain, les hommes de recrue ne seront plus faits par les préposés des Intendans des provinces, qui cesseront d'engager, à commencer dudit jour.

24.

LE Commandant de chacun des régimens de Lyon, de Sens, de Blois, d'Aix & de Nanci, en sera supérieurement chargé, & tous les Officiers qui composent lesdits régimens, en seront chargés sous ses ordres; l'intention de Sa Majesté étant que ledit Commandant fasse la répartition des recrues à faire, entre tous les Officiers & bas Officiers dudit régiment, de la manière qui lui paroîtra la plus convenable au bien du service de Sa Majesté, en les dispersant comme il le jugera à propos, lesquels pourront en conséquence s'absenter, sur la permission par écrit du Commandant, pourvu cependant qu'il reste toujours au quartier d'assemblée du régiment, au moins un Sergent, deux Caporaux & deux Appointés par compagnie.

25.

CHACUN des régimens de recrue conservés, sera autorisé à engager dans tous les lieux du royaume.

26.

CHAQUE Officier ou bas Officier sera tenu de faire

7

le nombre d'hommes qui lui aura été preſcrit par le
Commandant du régiment; ſe réſervant Sa Majeſté de
déclarér ſes intentions ſur la peine que devra encourir
celui deſdits Officiers qui n'aura pas rempli les intentions
du Commandant à cet égard.

27.

L'ÉTAT-MAJOR du régiment ſe tiendra toujours au
quartier d'aſſemblée dudit régiment, & l'Aide-major ou
le Sous-aide-major ſera chargé d'y engager ceux en
état de ſervir qui deſireront contracter un engagement.

28.

IL ſera payé pour chaque homme de recrue, ſait par
les Officiers deſdits régimens, la ſomme de cent livres;
mais cette ſomme ne ſera payée que pour chaque homme
qui aura joint ledit régiment.

Les hommes faits pour le régiment des Colonies,
continueront d'être payés ſoixante-dix livres, conformément à l'Ordonnance du 30 avril 1765.

Prix des hommes engagés.

29.

ENTEND Sa Majeſté que ſur ladite ſomme de cent
livres, il ſoit fourni à chaque homme de recrue deux
chemiſes de toile, un col noir, une paire de ſouliers,
une paire de guêtres noires & un havreſac : Entendant
Sa Majeſté que leſdites cent livres ne puiſſent être payées
aux Officiers qui auront fait ces hommes, que ſur un
certificat du Commandant, viſé par le Commiſſaire des
guerres, qui conſtatera ladite fourniture faite à chaque
homme : Veut auſſi Sa Majeſté que ſur ladite ſomme de
cent livres, il ſoit réſervé vingt livres, pour être diſtribuées
à chacun deſdits hommes; ſavoir, dix livres à ſon arrivée
au régiment de recrue, & les dix livres reſtantes, après
ſa réception au régiment auquel il ſera deſtiné, ainſi qu'il
ſera réglé, & que l'excédant deſdites cent livres, ſoit
employé au ſurplus de l'engagement de chacun & aux
frais qu'il aura pu occaſionner.

30.

POUR mettre les Officiers-recruteurs en état de recevoir ladite somme de cent livres pour le prix des engagemens des hommes de recrue, Sa Majesté fera remettre aux Commis des Tréforiers généraux dans les provinces, les fonds néceffaires, à proportion du nombre d'hommes que chaque régiment aura été chargé de faire.

31.

L'AIDE-MAJOR du régiment, tiendra un regiftre de l'emploi des fommes qui lui feront remifes, & ledit regiftre fera vifé & paraphé par le Commiffaire des guerres chargé de la police du régiment.

32.

CET argent, ainfi que celui de la folde ou de toute autre partie qui appartiendra à chaque régiment, fera mis dans une caiffe dont l'Aide-major aura la régie, fubordonnément au Commandant, & conjointement avec le Commiffaire des guerres chargé de la police dudit régiment, fous les ordres du Secrétaire d'État ayant le département de la guerre.

33.

CETTE caiffe aura trois ferrures, dont les trois clefs feront entre les mains, l'une du Commandant, & en fon abfence, du plus ancien Capitaine qui fe trouvera au quartier; la feconde entre les mains de l'Aide-major, & en fon abfence, du Sous - aide - major; & la troifième entre les mains du Commiffaire des guerres chargé de la police dudit régiment, de manière que ladite caiffe ne puiffe s'ouvrir qu'en préfence de ces trois perfonnes: Entend Sa Majefté que ladite caiffe foit dépofée chez le Commandant du régiment, & en fon abfence, chez le Commiffaire des guerres.

34.

L'INTENTION de Sa Majefté eft qu'il foit donné

des

9

des ordres par les Intendans des provinces, pour l'établissement des Officiers qui iront en recrue dans les différens endroits qui leur seront assignés par le Commandant du régiment; & qu'il leur soit fourni, ainsi qu'aux bas Officiers & aux hommes de recrue, un logement en nature.

35.

LES Officiers & bas Officiers chargés de recruter, seront employés sur les revues des Commissaires des guerres, comme présens, pendant leur absence pour le travail des recrues, & le décompte de leurs appointemens & solde leur sera fait avec la plus grande exactitude.

36.

LES Officiers & bas Officiers-recruteurs, n'emploieront *Age & Taille.* ni séduction ni violence, ni aucune autre supercherie pour déterminer les sujets à s'engager; Sa Majesté voulant qu'il ne soit absolument admis que des gens de bonne volonté, de l'âge de seize ans accomplis jusqu'à trente-cinq, pendant la paix, & aussi de l'âge de seize ans accomplis jusqu'à quarante, pendant la guerre; de la taille de cinq pieds un pouce au moins, en temps de guerre, pieds nus, & de cinq pieds un pouce six lignes, aussi pieds nus & d'espérance, en temps de paix, pour l'Infanterie; & de cinq pieds trois pouces au moins, aussi pieds nus, pour la Cavalerie & les Dragons.

Permet néanmoins Sa Majesté, qu'en temps de guerre lesdits Officiers puissent enrôler des hommes de quarante-cinq ans, qui ayant déjà servi, seront encore en état de reprendre le service, & des Soldats, qui après avoir obtenu des places à l'Hôtel royal des Invalides, auront la force & les qualités nécessaires pour continuer de servir, pourvu cependant qu'ils soient munis d'une permission par écrit du Gouverneur dudit Hôtel.

37.

TOUS ceux qui pourroient être engagés avant l'âge

C

de seize ans, seront tenus, pour obtenir leur dégagement, de produire leur extrait baptistaire, dûment légalisé par le Juge ou le Subdélégué du lieu; & lorsqu'il sera prouvé qu'ils auront été engagés, de quelque manière que ce soit, avant ledit âge de seize ans accomplis, veut Sa Majesté que leur congé leur soit délivré, aussitôt après qu'ils auront remis à la caisse des recrues du régiment, les sommes qu'ils auront reçues d'engagement, & le prix des effets qui leur auront été donnés.

38.

ENTEND Sa Majesté que pour que les dispositions de l'article précédent, aient lieu en faveur de ceux qui se trouveront avoir contracté un engagement, avant d'avoir atteint l'âge de seize ans, ils soient tenus de réclamer contre ledit engagement, au plus tard dans l'espace du mois qui suivra celui où ils auront atteint ledit âge de seize ans; lequel temps passé, leur engagement sera reconnu valable, & leur congé ne pourra leur être donné qu'après l'expiration de leur engagement.

39.

LES Officiers-recruteurs recevront de préférence, les artisans de certaines professions, tels que les Fourbisseurs, Charpentiers, Selliers, Éperonniers & Maréchaux, ayant l'âge & la taille prescrits; ils examineront avec soin tous les hommes qui auront déjà servi, & refuseront ceux qui leur paroîtront suspects, poursuivis ou flétris par la justice, & indignes de la profession des armes: Ils n'engageront point les hommes des îles de Ré & d'Oleron, les hommes classés dans la Marine, ou assujettis au service de la Garde-côte, ni ceux, qui ayant déjà servi, ne seront point porteurs de congés absolus en bonne forme, ni enfin ceux nés dans le comtat Venaissin, sans avoir une permission par écrit du Vice-légat.

40.

Durée des engagemens. LE temps du service des hommes de recrue, sera de huit années, pendant lesquelles ils ne pourront s'absenter

11

fans congé de la troupe dont ils feront, à peine d'être
pourfuivis & punis comme déferteurs; voulant Sa Majefté
qu'à l'expiration defdites huit années de fervice, il leur
foit expédié des congés abfolus, en temps de guerre
comme en temps de paix : Sa Majefté déclarant que
ceux defdits hommes de recrue qui feront parvenus à
des places de Sergens, de Caporaux ou d'Appointés, ne
feront point obligés de fervir au-delà des huit années de
leur engagement, lefquelles feront comptées du jour
de leur enrôlement.

<h3 style="text-align:center">41.</h3>

LES engagemens feront faits fur des imprimés conformes au modèle joint à la préfente ordonnance, lefquels
feront envoyés à chaque régiment de recrue ; l'homme
enrôlé y mettra fa fignature, ceux qui ne fauront point
écrire, feront leur marque en préfence de deux témoins
qui figneront comme tels, l'engagement, au bas duquel
feront le fignalement & les renfeignemens fur la profeffion
de l'homme engagé & fur l'argent qu'il aura reçu.

Modèle
des engagemens.

<h3 style="text-align:center">42.</h3>

LES Officiers ou bas Officiers, en recevant les engagemens dans la forme ci-deffus prefcrite, délivreront aux
nouveaux enrôlés des certificats d'engagement de huit
ans, dont il leur fera envoyé des exemplaires fur lefquels
ils rempliront le fignalement de l'homme enrôlé & la
fomme qu'il aura reçue.

<h3 style="text-align:center">43.</h3>

CELUI des enrôlés qui fera reconnu pour avoir
déguifé fon nom, fon âge & le lieu de fa naiffance, fera
condamné aux galères; les Officiers ou bas Officiers-
recruteurs en préviendront tous les fujets qui fe préfen-
teront pour s'enrôler.

<h3 style="text-align:center">44</h3>

AUCUN engagement ne pourra etre annullé que par
le Secrétaire d'État ayant le département de la guerre.

45.

TOUT homme qui se préfentera pour s'engager, & qui defirera fervir dans un régiment, par préférence à un autre, y fera envoyé, & ne pourra jamais être deftiné pour un autre régiment.

46.

LES fujets qui n'auront pas les qualités prefcrites, ou feront attaqués d'infirmités apparentes ou fecrètes, feront réformés, après l'examen qui en fera fait à leur arrivée au régiment, & les Officiers feront privés du prix réglé pour l'engagement; mais auffi Sa Majefté entend que les hommes, qui ayant des infirmités habituelles, feront parvenus néanmoins, en les cachant, à contracter un engagement, foient mis en prifon & contraints de reftituer ce qu'ils auront reçu.

47.

ENJOINT Sa Majefté auxdits Officiers-recruteurs, de réunir en chambrées les hommes de recrue, depuis l'époque de leur engagement, jufqu'au jour qu'ils les feront partir pour le quartier du régiment de recrue; veut auffi Sa Majefté qu'ils foient logés comme les Soldats de fes Troupes, afin qu'ils vivent par-tout en bonne difcipline & police.

48.

LES nouveaux enrôlés qui tomberont malades au dépôt particulier, feront reçus dans les hôpitaux bourgeois & maifons de charité les plus prochains, & y feront nourris & médicamentés gratuitement, devant être réputés habitans de la ville; & dès qu'ils auront été admis à fervir dans le régiment de recrue, ils feront reçus dans les hôpitaux de Sa Majefté, & traités comme les Soldats de fes Troupes.

49.

ORDONNE Sa Majefté aux Prevôts, Officiers & bas Officiers de Maréchauffée, d'accompagner avec leurs brigades, les hommes de recrue dans leur marche, lorfqu'ils en feront requis par les Officiers-recruteurs, dans les cas de nécefsité feulement.

50.

LES Officiers-recruteurs tiendront un regiſtre journal de leur travail, & lorſqu'ils auront dans un dépôt particulier, un certain nombre d'hommes, ils les feront rendre, à leurs frais, au régiment, & les y feront conduire par les bas Officiers qui ſeront jugés néceſſaires ; l'état de ſignalement deſdits hommes de recrue, ſera remis à celui qui ſera chargé de les conduire, & qui le remettra au Commandant du régiment de recrue.

51.

LES hommes de recrue, à leur arrivée aux quartiers d'aſſemblée du régiment de recrue, ſeront examinés par le Commandant du régiment, en préſence de l'Aide-major & du Commiſſaire des guerres chargé de la police du régiment, lequel dreſſera, ſur le champ, un état de ceux qui n'auront pas les qualités requiſes & preſcrites, & l'enverra auſſitôt au Secrétaire d'État ayant le département de la guerre, ou les réformera en même temps ; mais l'Officier qui les aura engagés ne recevra rien pour leur engagement.

52.

LE ſignalement de ceux qui ſeront ainſi réformés, ſera ſur le champ envoyé à tous les Officiers du régiment, afin d'éviter les nouveaux engagemens des mêmes hommes.

53.

A l'égard des hommes de recrue qui auront été reçus, ils ſeront diſtribués dans les compagnies du régiment ; le Commiſſaire des guerres, chargé de la police dudit régiment, après avoir vérifié tous leurs engagemens, & examiné s'ils ſont conformes à tout ce qui eſt preſcrit par la préſente ordonnance, dreſſera l'état de leur ſignalement par compagnie, pour en former le contrôle ; il y marquera leur âge & la date de leur engagement, du jour duquel il les fera payer ſur ſes revues ; il marquera auſſi ſur ce contrôle, ſi leſdits hommes ont déjà ſervi.

54.

LE Commandant fera remettre enſuite aux nouveaux

hommes de recrue, la somme de dix livres, en présence du Commissaire des guerres, & leur sera délivrer à chacun les parties d'équipement prescrites par l'article 29 de la présente ordonnance; & le Commissaire des guerres tiendra la main à ce que ces fournitures soient bien conditionnées.

55.

LE Commissaire des guerres chargé de la police de chaque régiment de recrue, sera aussi chargé de toute l'administration des finances. L'intention de Sa Majesté est, que ledit Commissaire tienne un registre exact de la recette & de la dépense que les recrues auront occasionnées, & que la dépense n'en puisse être allouée que sur les certificats signés de lui, & visés par l'Intendant. Ledit Commissaire rendra compte au Secrétaire d'État ayant le département de la guerre, de tous les détails concernant lesdits régimens, suivant les ordres particuliers qui lui en seront donnés.

56.

APRÈS la réception des hommes, la première attention du Commandant de chaque régiment de recrue, sera d'instruire tous les hommes de leurs différens devoirs, & des peines qu'ils encourroient, s'ils venoient à y manquer: il leur fera lire les Ordonnances par les Officiers & bas Officiers de leur compagnie, qui auront soin de les leur expliquer; lesdits hommes seront ensuite dressés aux exercices & à la discipline, conformément à ce qui est prescrit par les Ordonnances.

57.

ILS seront exercés séparément tous les jours par le Caporal ou l'Appointé de chaque escouade, & successivement par le Sergent de chaque division; par un Lieutenant & un Capitaine, qui ne pourront, sous quelque prétexte que ce puisse être, se dispenser, lorsqu'ils seront au régiment, d'assister aux exercices.

58.

LES régimens de recrue se conformeront en tout aux Ordonnances concernant l'Infanterie ; mais ils ne pourront, en temps de paix, être assujettis à d'autre service qu'à celui de fournir une garde de police dans l'intérieur de leur quartier, laquelle sera en proportion du nombre des hommes dont chaque régiment de recrue sera composé.

Lorsqu'il n'y restera que les bas Officiers, la garde sera d'un Caporal & de trois hommes.

D'un Caporal & de douze hommes lorsque les escouades seront de quatre hommes.

D'un Sergent & dix-huit hommes, lorsqu'elles seront à huit hommes.

D'un Lieutenant & trente-six hommes, lorsqu'elles seront à quinze hommes & au-dessus.

Toutes les fois que cette garde sera commandée par un Lieutenant, elle fournira une sentinelle au Commandant du régiment de recrue.

Lorsque cette garde sera commandée par un bas Officier, elle ne fournira point de sentinelle au Commandant.

59.

L'INTENDANT donnera une attention particulière au prix des denrées, dans le quartier du régiment de recrue, afin que le Soldat puisse y vivre au moyen de sa solde, & que les Officiers & bas Officiers puissent également y subsister aisément.

60.

DÉFEND Sa Majesté aux Capitaines & autres Officiers des régimens de recrue, de donner verbalement ou par écrit, aucun congé absolu ni limité aux hommes dont lesdits régimens seront composés, à peine d'être cassés. Sa Majesté voulant que dans le cas où quelqu'un desdits hommes de recrue ou des bas Officiers, auroit besoin de se rendre pour quelque temps dans sa famille, le Commandant ne puiffe le lui permettre qu'il n'y foit autorifé par le Secrétaire d'État ayant le département de la guerre.

61.

Si quelqu'un des nouveaux enrôlés, vient à quitter, fans permiffion, le dépôt particulier, ou le quartier du régiment de recrue, veut Sa Majefté que le fignalement en foit donné au Prevôt de la Maréchauffée, pour que ledit homme foit puni fuivant la rigueur des Ordonnances rendues contre les déferteurs: Ordonne à cet effet Sa Majefté qu'il foit donné aux brigades de Maréchauffée qui auront été employées à la capture defdits hommes de recrue, par gratification, fur le fonds defdites recrues, trois livres pour chacun des cinq & fix premiers hommes qu'elles arrêteront chaque année; quatre livres pour chacun des feptième & huitième; cinq livres pour chacun des neuvième & dixième, & ainfi en augmentant à proportion; de manière cependant, que ladite gratification ne puiffe excéder dix ou douze livres au plus, tel nombre de déferteurs que lefdites brigades arrêtent.

62.

Incorporation des hommes de recrue.

LORSQUE Sa Majefté jugera à propos de faire rendre des hommes de recrue aux régimens qui en auront befoin, Elle fera adreffer au Commandant du régiment de recrue les routes néceffaires pour conduire lefdits hommes à leur deftination; lefdites routes porteront rétrogradation au quartier du régiment de recrue, pour les Officiers & bas Officiers feulement, qui accompagneront lefdites recrues, fur lefquelles routes, les uns & les autres recevront l'étape en allant & en revenant: A l'égard des brigades de Maréchauffée qui accompagneront lefdits hommes de recrue, elles recevront l'étape tant en allant qu'en revenant, fur les ordres des Intendans, chacun dans leur département.

63.

LES détachemens d'Officiers & de bas Officiers qui

accompagneront

17

accompagneront les divisions de recrue du quartier du régiment de recrue au régiment auquel elles seront destinées, seront composés, savoir, d'un Caporal & d'un Appointé pour vingt hommes; d'un Sergent, d'un Caporal & d'un Appointé pour quarante hommes; d'un Lieutenant, d'un Sergent, deux Caporaux & deux Appointés pour soixante hommes; d'un Capitaine, un Lieutenant, deux Sergens, quatre Caporaux & quatre Appointés pour cent hommes; s'en remettant cependant Sa Majesté au Commandant du régiment de faire le changement qu'il jugera à propos de faire à la composition desdits détachemens, suivant les circonstances.

64.

LE Commandant de chaque détachement, sera porteur de l'état de signalement des hommes de la division dont il sera chargé, lequel état sera fait double, pour l'un être remis au Commandant du régiment qui recevra la division, & l'autre pour être rapporté par lui au régiment de recrue, avec le récépissé du Commandant du régiment, qui sera mis au bas dudit état, & servira à constater, non-seulement le jour que ladite division aura été remise à sa destination, mais encore la retenue qui devra être faite des huit deniers de linge & chaussure, pendant tout le temps de la marche des hommes de recrue, laquelle retenue sera mise en augmentation à la masse de l'habillement: Ledit Officier conducteur sera aussi porteur des dix livres restantes des vingt livres réservées pour chaque homme sur les cent livres, ainsi qu'il est prescrit par l'article 29, & les remettra au Major, ou à l'Officier chargé du détail du régiment auquel il aura remis les hommes, & il remettra le récépissé qui lui en sera donné au Commandant du régiment de recrue à son retour.

65.

LE Commissaire des guerres chargé de la police du régiment de recrue, avant le départ de chaque division, dressera l'état de signalement des hommes dont elle sera compofée, pour être remis double, comme il eft dit ci-deffus, à l'Officier ou bas Officier qui fera chargé de la conduite ; & il fera faire à chacun le décompte de ce qui lui fera dû de folde, linge & chauffure, jufqu'au jour du départ ; fera fa revue au dos de la route, pour fervir à la fourniture de l'étape, & en adreffera copie au Secrétaire d'État ayant le département de la guerre.

66.

CES hommes de recrue n'emporteront avec eux que la vefte, la culotte, les guêtres, le chapeau & le havrefac, & laifferont l'équipement & l'armement au régiment de recrue pour fervir à d'autres recrues.

67.

ENTEND Sa Majefté, que les Officiers & bas Officiers chargés de conduire les hommes de recrue, foient employés comme préfens pendant leur abfence, fur les revues des Commiffaires des guerres, & que le décompte de leurs appointemens & folde leur foit fait à leur retour.

68.

LORSQUE les routes feront paffer lefdites recrues dans des provinces où l'étape ne fera pas établie, il leur fera donné par les ordres des Intendans, un fupplément de folde d'un fou par jour pour chaque Soldat ; de trois fous pour chaque Appointé ; de quatre fous pour chaque Caporal, & de huit fous pour chaque Sergent.

69.

L'ÉTAPE fera laiffée pour les hommes reftés aux hôpitaux de la route, & il leur fera remis un certificat de convalefcent, au dos duquel la route fera tranfcrite, afin que lefdits hommes puiffent rejoindre le régiment, dès qu'ils feront en état de fe mettre en marche.

70.

L'OFFICIER ou bas Officier chargé de la conduite des recrues, les préfentera à leur arrivée au Commandant du corps auquel elles auront été deftinées, en lui remettant

19

un des deux contrôles de signalement, dont il sera porteur, afin que ledit Commandant examine si les hommes qui lui seront présentés sont les mêmes que ceux portés sur le contrôle dont le Conducteur de la division sera porteur; il lui donnera un récépissé détaillé du nombre d'hommes qui auront été amenés, en faisant mention de ceux qui se seront perdus pendant la marche & de ceux qui seront restés aux hôpitaux de la route, & dont le Conducteur lui remettra les certificats qu'il aura pris des Directeurs desdits hôpitaux.

71.

AU retour de l'Officier-conducteur, le contrôle, au bas duquel sera le récépissé du Commandant du régiment, sera remis au Commandant du régiment de recrue, & adressé par lui au Secrétaire d'État ayant le département de la guerre.

72.

LES hommes de recrue seront partie du régiment dans lequel ils seront incorporés, à commencer du jour de leur arrivée audit régiment, & ils prendront rang du jour de leur engagement.

73.

DÈS que les hommes de recrue auront été reçus, l'Officier général commandant dans l'endroit où sera ledit régiment, & en son absence le Commandant de la place leur fera prêter serment entre ses mains, à la tête du régiment en bataille, sur les drapeaux, étendards ou guidons, qui seront réunis à cet effet; lesdits hommes de recrue jureront *qu'ils obéiront aux ordres de leurs Officiers & bas Officiers, qu'ils ne quitteront jamais la troupe dont ils seront, dans quelque occasion que ce soit; & que voulant servir Sa Majesté avec honneur & fidélité, ils ne déserteront point.*

74.

ILS seront ensuite inscrits sur le contrôle du régiment, où le Major aura attention de faire insérer leur signalement, le jour de leur engagement, & les différentes sommes

qu'ils auront reçues, le tout conformément à l'état de
signalement qui aura été remis à leur arrivée. Le Major
leur fera délivrer ensuite, en présence d'un Commissaire
des guerres, les dix livres restantes qui lui auront été
remises par l'Officier conducteur des recrues, le surplus
de l'habillement & de l'équipement dont ils auront besoin,
& l'armement.

75.

Époque de la cessation des appointemens des régimens réformés.

A l'égard des régimens de recrue réformés, les Officiers, bas Officiers & Soldats qui les composeront,
toucheront leurs appointemens ou leur solde, jusques &
compris le 31 du mois de Décembre prochain, sur la
revue qui sera faite ledit jour par le Commissaire des
guerres chargé de la police dudit régiment.

76.

Traitement des Officiers.

LES Commandans desdits régimens & les Capitaines
se retireront chez eux; les Commandans de régimens, avec
rang de Lieutenant-colonel, y jouiront de douze cents
livres d'appointemens sur l'extraordinaire des guerres; ceux
qui n'auront pas rang de Lieutenant-colonel, de huit cents
livres; les Capitaines qui auront vingt ans de service, de
quatre cents livres; les Capitaines qui n'auront pas vingt
ans de service, ainsi que les Aides-major qui auront la
commission de Capitaine, de trois cents livres : A l'égard
des Aides-major qui n'auront pas la commission de
Capitaine, des Sous-aides-major & des Lieutenans, ils
se retireront chez eux, jusqu'à ce que Sa Majesté juge à
propos de les rappeler pour leur donner de l'emploi. Il
sera donné à tous un mois d'appointemens pour leur
donner moyen de se rendre chez eux; bien entendu que
par les soins du Commandant & du Commissaire des
guerres, il sera prélevé sur ce mois d'appointemens ce
que chacun d'eux pourroit devoir dans la ville & à leurs
soldats.

77.

LES Sergens, Caporaux & Appointés, qui par
l'ancienneté

21

l'ancienneté de leurs services, mériteront d'obtenir leur retraite à l'Hôtel royal des Invalides, y seront reçus, si mieux ils n'aiment jouir de la pension fixée à leur grade, pour tenir lieu de l'Hôtel.

78.

CEUX desdits bas Officiers qui seront en état de servir, seront incorporés dans les régimens de recrue conservés, pour y remplir les places du même grade qui s'y trouveront vacantes, & ils les joindront sur des routes qui leur seront expédiées à cet effet.

Ceux desdits bas Officiers qui desireront servir dans la Légion de Saint-Domingue, auront une route pour se rendre à l'île de Ré : Ceux qui desireront servir dans les Troupes destinées pour l'Inde, auront pareillement une route pour se rendre au Port-Louis : Voulant Sa Majesté, que les uns & les autres soient employés dans lesdites troupes, dans leur grade, & payés en conformité.

Enfin, ceux qui desireront continuer leur service dans les régimens d'Infanterie, de Cavalerie ou de Dragons, y seront conduits pour y servir en qualité de Soldats, Cavaliers ou Dragons; l'intention de Sa Majesté étant que s'ils s'y comportent bien, ils y remplissent les premières places de leur grade qui viendront à vaquer.

79.

A l'égard des hommes de recrue qui se trouveront existans dans lesdits régimens de recrue réformés, audit jour 31 Décembre, il en sera fait différentes distributions pour être envoyés aux régimens d'Infanterie, de Cavalerie ou de Dragons les plus prochains, & y continuer leur service; & s'il s'y en trouve un certain nombre, ils y seront conduits sur des routes par les Aides - majors des régimens, lesquels recevront l'étape sur lesdites routes, & de plus une gratification de cent cinquante livres, lorsqu'ils auront envoyé les certificats qui constateront la remise desdits hommes aux régimens auxquels ils auront été destinés, au bas de l'état de leur signalement.

F

80.

VEUT Sa Majesté, que le décompte du linge & chauffure soit fait aux bas Officiers & Soldats, jusqu'au 31 du mois de Décembre prochain, & que le montant en soit remis par l'Aide-major du régiment réformé, à celui du régiment dans lequel les Soldats auront été incorporés, lequel s'en chargera pour leur en tenir compte.

81.

LES hommes qui devront être incorporés, n'emporteront avec eux que leur habillement, l'épée, le ceinturon & le fufil, les autres effets appartenans à Sa Majesté, devant être dépofés, avant leur départ, dans fes magafins; & il en fera dreffé un procès-verbal par le Commiffaire des guerres, qui l'adreffera au Secrétaire d'État ayant le département de la guerre.

82.

VEUT au furplus Sa Majesté, qu'il foit procédé par les Intendans des provinces ou les Commiffaires des guerres, au compte final, jufques & compris le 31 du mois de Décembre prochain, de toutes les parties relatives à l'adminiftration actuelle des régimens réformés, & qu'il en foit envoyé un double au Secrétaire d'État ayant le département de la guerre.

83.

SA MAJESTÉ voulant auffi faire connoître fes intentions fur la manière dont fe fera le remplacement des hommes qui viendront à manquer dans fes régimens d'Infanterie françoife, de Cavalerie, de Dragons & de Troupes-légères, Elle entend que les recrues de ces corps foient faites par les foins & fous la police des États-majors, après les états qui en auront été remis au Major par les Infpecteurs généraux de fes Troupes.

84.

IL fera payé cent livres pour chaque homme d'Infanterie, de Cavalerie & de Dragons qui aura les qualités

23

prescrites par la présente Ordonnance : Veut au surplus Sa Majesté que les États-majors chargés de faire les recrues de leur corps, se conforment entiérement à tout ce qui est prescrit par la présente Ordonnance pour la forme des engagemens.

85.

AU moyen des cent livres réglées pour les engagemens desdits hommes de recrue, l'intention de Sa Majesté est que les États-majors soient chargés de les faire rendre aux régimens, à leurs frais, & que lesdits États-majors soient assujettis d'ailleurs à fournir sur cette somme de cent livres, à chacun des hommes de recrue, deux chemises, un col noir, une paire de souliers, une paire de guêtres & un havre-sac

86.

ENTEND aussi Sa Majesté, qu'aucun Capitaine, Lieutenant ou Sous-lieutenant, ne puisse profiter du semestre qu'à la charge de faire au moins deux hommes de cinq pieds deux pouces pour l'Infanterie, & de trois pouces au moins pour la Cavalerie & les Dragons, lesquels hommes, équipés ainsi qu'il est prescrit, leur seront payés sur le pied de cent livres chacun, rendu au régiment; laquelle somme leur sera comptée sur les fonds appliqués pour les recrues par le Major du régiment : L'intention de Sa Majesté étant qu'il soit retenu sur les appointemens des Officiers qui rejoindront leur corps, sans avoir rempli la condition qui leur est imposée, pareille somme de cent livres pour chacun des hommes qu'ils auront dû faire, & que le produit de cette retenue soit remis à la caisse des recrues.

87.

SA MAJESTÉ voulant être instruite, avec la plus grande exactitude, du nombre d'hommes qui auront été faits par les États-majors, d'après les états qui en auront été remis aux Majors par les Inspecteurs généraux de ses Troupes ; son intention est qu'il soit dressé par lesdits Inspecteurs généraux, lors de leurs revues, des états qui fassent connoître non-seulement le nombre d'hommes qui auront été remis par les États-majors, mais encore ceux qui auront été faits par les Officiers de semestre ou par ceux nouvellement pourvus d'emplois: Voulant aussi Sa Majesté que lesdits Inspecteurs généraux dressent des états, qu'ils enverront au Secrétaire d'État ayant le département de la guerre, des hommes qu'ils auront reçus & de ceux qu'ils auront refusés par défaut de taille ou par des infirmités, pour servir, lesdits états, à constater le payement qui devra être fait à chacun pour ces hommes de recrue, & les retenues à exercer sur ceux des Officiers qui n'auront pas satisfait à leurs obligations.

88.

LESDITS Inspecteurs généraux, après avoir rempli ces différens objets, se feront rendre compte de la situation de la Masse des recrues; observant d'allouer la somme de cent livres pour chaque homme équipé qui aura été reçu; ils adresseront ensuite une copie du compte arrêté, afin que Sa Majesté soit informée de l'emploi des fonds qu'Elle aura fait remettre pour lesdits remplacemens.

89.

POUR donner aux Officiers de l'État-major une plus grande facilité de procéder au travail des recrues, Sa Majesté leur permet de détacher, en temps de paix, de chaque bataillon & de chaque régiment de Cavalerie, de Dragons & de Troupes-légères, un Officier, deux Sergens ou Maréchaux-des-logis, & quatre Caporaux ou Brigadiers, lesquels seront employés à ce travail depuis le 15 Septembre de chaque année jusqu'au 15 Avril suivant : ces Officiers & bas Officiers seront employés comme présens au corps, sur la revue du Commissaire des guerres qui sera chargé de la police du régiment.

90.

LE régiment de recrue de la ville de Paris & celui des
colonies,

colonies, composés & payés comme ils l'ont été jusqu'à présent, continueront d'être sous les ordres du Lieutenant général de Police de la ville de Paris; les Officiers de ces régimens ne seront point chargés de faire les recrues, & ledit Lieutenant général de Police continuera d'ordonner de tout ce qui sera relatif à la levée des hommes de ces régimens, dont il rendra compte au Secrétaire d'État ayant le département de la guerre : il arrêtera aussi toutes les dépenses qui seront faites, ainsi qu'il a été réglé précédemment, à raison de l'enrôlement desdits hommes de recrue, & décidera toutes les difficultés & contestations qui pourroient s'élever sur le fait des enrôlemens & sur l'argent que les enrôlés se plaindroient de n'avoir pas reçu; il en sera de même du régiment de Sens, dont le sieur Intendant de Paris sera chargé comme ci-devant.

91.

VEUT Sa Majesté que lorsqu'un régiment de recrue sera dans une place ou quartier où commandera un Officier général, ledit Officier général soit autorisé à faire prendre les armes audit régiment toutes les fois qu'il le jugera nécessaire au bien du service, à l'effet d'en examiner les hommes, de les faire exercer & de se faire rendre compte de leur tenue & discipline, dont il informera le Secrétaire d'État ayant le département de la guerre.

92.

LES régimens d'Infanterie Allemande, continueront de faire leurs recrues conformément à tout ce qui leur est prescrit par l'Ordonnance du 1.er février 1763, concernant les Recrues des régimens d'Infanterie étrangère, & aux instructions particulières que leur a données le sieur Baron de Wurmser, leur Inspecteur.

93.

LES régimens d'Infanterie Irlandoise, Italienne & Corse, suivront aussi tout ce qui est prescrit par la même Ordonnance.

Dérogeant Sa Majesté aux Ordonnances du 1.er février 1763, concernant les recrues, du 30 avril 1765, pour l'établissement du régiment des Colonies, & à toute autre, en ce qui se trouvera contraire à la présente.

MANDE & ordonne Sa Majesté aux Officiers généraux ayant commandement sur ses troupes, aux Gouverneurs & Lieutenans généraux dans ses provinces, aux Gouverneurs & Commandans de ses villes & places, au Lieutenant général de Police de la ville de Paris, pour les régimens de recrue qui le concernent, aux Intendans dans ses provinces & sur ses frontières, aux Commissaires des guerres, & à tous autres ses Officiers qu'il appartiendra, de tenir la main à l'exécution de la présente Ordonnance. FAIT à Versailles le vingt-cinq Novembre mil sept cent soixante-six. *Signé* LOUIS. *Et plus bas,* LE DUC DE CHOISEUL.

27

Modèles des Engagemens, Certificats d'Engagement, & des différentes sortes de Congés.

RÉGIMENT DE RECRUE d

ENGAGEMENT.

JE m'engage avec M. {*Capitaine ou Lieutenant*} *au régiment de Recrue de pour servir pendant huit années dans les Troupes du Roi, & reconnois avoir reçu la somme de livres, à compte de mon engagement, & celle de pour boire.* FAIT *à le*

LEDIT *a déclaré être de son métier, né à le fils de & de de la taille de cheveux & sourcils les yeux le nez la bouche visage marqué de barbe*

RÉGIMENT DE RECRUE d

CERTIFICAT D'ENGAGEMENT.

JE *soussigné* {*Capitaine ou Lieutenant*} *au régiment de Recrue de certifie avoir reçu aujourd'hui du mois d de l'année l'engagement du nommé pour servir pendant huit années dans les Troupes du Roi; lequel a reçu la somme de & il lui sera remis dix livres à son arrivée au régiment de Recrue, & pareilles dix livres au régiment dans lequel il sera incorporé.*

LEDIT *a déclaré être né à le fils d est de la taille de cheveux & sourcils les yeux le nez la bouche visage marqué de barbe*

RÉGIMENT DE RECRUE d

CONGÉ DE RÉFORME.

Nous

Commandant du régiment de Recrue de

certifions que le nommé   *de son métier,*

né à   *le*   *fils de*

de la taille de   *cheveux & sourcils*   *les*

yeux   *le nez*   *la bouche*   *le*

visage   *marqué*   *barbe*

a été réformé après avoir été jugé incapable de servir dans les Troupes du Roi, tant par nous que par le Commissaire des guerres chargé de la police dudit régiment, qui en a dressé procès-verbal, étant

En foi de quoi nous lui avons délivré le présent congé de réforme.
Fait à

Infanterie,
Cavalerie
ou
Dragons.

RÉGIMENT *de*

Approuvé par nous Lieutenant général
des armées du Roi.

CONGÉ DE RÉFORME.

Nous soussignés, certifions à tous ceux qu'il appartiendra, avoir donné congé de réforme au nommé   *dit*

de la compagnie d   *au régiment d*

natif d   *en la province d*

juridiction d   *âgé d*   *ans, de la*

taille de   *lequel a été jugé incapable de servir dans les Troupes de Sa Majesté, étant*

Fait à   *le*   *jour du mois d*
mil sept cent soixante-

Vu par nous Commandant
dudit régiment.

Vu par nous Commissaire
des guerres.

Certifié par nous Major
dudit régiment.

29

RÉGIMENT de

Approuvé par nous Lieutenant général
des armées du Roi.

CONGÉ LIMITÉ DE RÉFORME.

NOUS soussignés, certifions à tous ceux qu'il appartiendra, avoir donné congé pour aller se présenter par-devant le Commandant du régiment de Recrue d   au nommé
dit   de la compagnie d
au régiment d   natif d   en la
province d   juridiction d   âgé de   ans,
de la taille de

FAIT à   le   jour du mois d
mil sept cent soixante-

Vu par nous Commandant
dudit régiment.

Vu par nous Commissaire
des guerres.

Certifié par nous Major
dudit régiment.

RÉGIMENT de

Approuvé par nous Maréchal des camps
& armées du Roi.

CONGÉ LIMITÉ.

NOUS soussignés, certifions à tous ceux qu'il appartiendra, avoir donné congé pour aller à   jusqu'au   prochain,
au nommé   dit   de la compagnie
d   au régiment d   natif d
en la province d   juridiction d
âgé de   ans, de la taille de

FAIT à   le   jour du mois d
mil sept cent soixante-

Vu par nous Commandant
dudit régiment.

Vu par nous Commissaire
des guerres.

Certifié par nous Major
dudit régiment.

H

RÉGIMENT de

Approuvé par nous Lieutenant général
des armées du Roi.

CONGÉ MILITAIRE.

NOUS soussignés, certifions à tous ceux qu'il appartiendra, avoir
donné congé absolu au nommé

dit   de la compagnie d   au

régiment d   natif d   en la

province d   juridiction a   âgé

de   ans, de la taille de

FAIT à   le   jour au mois d

mil sept cent soixante-

Vu par nous Commandant   Vu par nous Commissaire   Certifié par nous Major
dudit régiment.   des guerres.   dudit régiment.

A PARIS, DE L'IMPRIMERIE ROYALE. 1766.